IDÉES GÉNÉRALES

SUR

L'ACADÉMIE ROYALE

DE MUSIQUE.

IDÉES GÉNÉRALES

SUR

L'ACADÉMIE ROYALE

DE MUSIQUE,

Et plus spécialement sur la Danse,

PAR DESHAYES,

Ex-premier Danseur de ladite Académie.

PARIS,

CHEZ MONGIE, BOULEVARD MONTMARTRE ;

BARBA, PALAIS-ROYAL ; ROULLET, RUE DES B.-ENFANS ;

MARTINET, RUE DU COQ.

1822.

AVERTISSEMENT.

En publiant quelques idées générales sur l'Académie Royale de musique, je n'ai eu qu'un but, celui d'émettre franchement mon opinion sur la création de ce magnifique établissement. Je n'ai jamais conçu la coupable pensée d'adresser le plus léger reproche aux divers fonctionnaires qui, par la nature de leurs emplois, sont appelés à contribuer à son éclat; toute personnalité, je le répète d'avance, est bien loin de mon cœur et de ma pensée.

Je regarde l'Opéra comme le sanctuaire des Beaux-Arts. Elevé, dès mes plus jeunes ans, sur cette terre classique, j'ai dû en observer les divers périodes; et c'est, pour arriver à un mieux possible, que je hasarde quelques réflexions sur son ensemble.

Je desirais que ce théâtre européen fût considéré comme un Musée scénique, où tout homme à talens eût le droit de s'y montrer, et d'y faire représenter ses productions; cette institution vraiment royale est digne d'une telle protection.

Tout, dans ce pays des merveilles, doit rappeler l'homme de génie qui le créa.

Conservons précieusement les bonnes traditions, mais sachons nous affranchir de cette marche routinière qui éteint le génie, et nuit aux progrès des arts ; tentons quelques nouveaux essais, et peut-être obtiendrons-nous encore des résultats plus heureux.

Fort de ma conscience, j'aime à me persuader que la malignité ne m'accusera pas d'avoir eu la prétention de m'ériger en censeur atrabilaire ; l'intérêt de l'art théâtral est l'unique motif qui m'anime ; c'est dans cette vue d'utilité publique, et sous le manteau de la modestie, que je soumets avec respect au public, et déférence aux artistes, le fruit de vingt-cinq années d'expérience.

IDÉES GÉNÉRALES

SUR

L'ACADÉMIE ROYALE

DE MUSIQUE.

CHAPITRE PREMIER.

De l'Edifice, de la Salle, du Théâtre, et de l'Eclairage.

Les véritables amis des arts, ceux dont les idées sont proportionnées au grandiose sur lequel le grand Opéra français a été établi, et qui l'aiment autant pour la gloire nationale, l'intérêt de la Capitale, que pour leur propre jouissance, doivent faire des vœux pour que le Gouvernement exécute, le plus promptement possible, le plan qu'il a projeté, d'élever, dans une place spacieuse, un Edifice monumental, qui soit à-la-fois digne de lui, de la nation, et en harmonie avec la vaste conception de ce magnifique spectacle ; car un point très-important pour faire mouvoir tous les ressorts qu'exigent les diverses machines, est un emplacement convenable à les pouvoir développer.

Un particulier qui formerait une galerie considérable de tableaux, son premier soin serait d'avoir un local spacieux dont la lumière fût bien ménagée ; à plus forte raison un théâtre, qui a à représenter d'immenses tableaux mouvans, doit présenter un cadre qui lui soit proportionné, et un terrain considérable pour les mettre en action ; sans cela comment représenter convenablement un triomphe, une bataille, une chasse, un combat naval, une destruction de ville, etc. etc., si on ne peut facilement introduire les personnages et les accessoires nécessaires à la mise en scène de ces spectacles?

L'Opéra, on l'a déjà dit cent fois, est en partie le spectacle des yeux ; il est donc utile de ne rien négliger pour les satisfaire.

Les issues sont d'une nécessité impérieuse pour le service et la sûreté générale ; de grands foyers près de la scène sont indispensables pour les chœurs de chant et de danse, pour les comparses, ainsi que pour disposer tous les ustensiles pour les soirées de représentation ; enfin des dégagemens pour communiquer facilement d'un côté à l'autre de la scène, pour aller dans le ceintre, comme pour circuler dans le dessous du théâtre.

Avec de telles facilités, on pourrait donner de magnifiques spectacles et produire de grands mouvemens théâtrals qui deviennent impossibles avec les théâtres que l'on construit depuis la création de l'opéra ; ce n'est point un reproche que j'adresse à nos prédécesseurs ; ils commençaient et ont fait des merveilles, et nous ont donné une grande impulsion, pourquoi donc sommes-nous, pour ainsi dire, restés au même point ? C'est que la vanité s'est mise à la place de l'émulation ; voilà, je crois, tout le mystère.

Il n'y a rien à innover (1). Pour construire le

---

(1) Il n'en est pas de même pour la construction de la scène, où doivent se déployer les machines et les mécaniques, il faudrait changer presqu'entièrement de système, parce que la routine sur laquelle on va depuis l'institution de l'Opéra, n'est plus satisfaisante ; les anciennes rubriques sont absolument usées, et les moyens mécaniques trop peu usités à ce théâtre.

Les manœuvres employées jusqu'à présent sont insuffisantes et détruisent toute l'illusion ; comme par exemple :

Les volets appelés trapillons, indiquant par leur bruit et mouvement, la place des objets qui en sortent ; le balancement du haut en bas des fermes à leur arrivée au niveau du théâtre ; le mouvement des chassis placés géométralement avant de disparaître pour un changement ; l'arrivée irrégulière des plafonds, tombant soit en avant, soit en arrière des chassis ; le choc des faux chassis à leur arrivée avec le bruit des quinquets ; le levé des grandes trappes, qui est un vrai casse-cou pour tous les acteurs ; l'insuffisance de deux faux chassis pour le service d'un grand ouvrage ; embarras et bruit des ouvriers obligés de substituer un décor à un autre pendant le cours de la représentation ; le mouvement régulier, balan-

plus beau théâtre qui soit au monde, il faut seulement consulter les plans de tous les grands spectacles des premières villes de l'Europe et tout ce qui a été écrit sur cette matière, et faire dispa-

cement des vols obliques et d'aplomp, tous à peu près du même genre pour différentes situations et style de sujet; la manière d'imiter la mer et le tonnerre, est ridicule, et cependant est conservée; le départ et arrivée des chassis, plafonds, toiles, accessoires les uns après les autres; la place que tiennent les ponts volans, embarrasse et nécessite de grandes précautions pour le mouvement général de toutes les gloires et vols particuliers qui deviennent dangereux, de la manière dont ces ponts sont établis; le faux principe d'opérer la nuit et le jour, porte des ombres sur les décorations et leur fait le plus grand tort. La rampe est trop forte de lumière, le théâtre trop faiblement éclairé, surtout dans sa partie lointaine; l'arrivée incomplète de toutes les trappes portant des personnages; le lustre devrait disparaître, il porte trop de lumière et gêne la vue du théâtre, on devrait le remplacer par des girandoles garnies de bougies, et en mettre à chaque rang de loges; les musiciens ne devraient pas accorder leurs instrumens dans l'orchestre parce que cela détruit le charme de la musique, et qu'en général on doit toujours soigneusement cacher les causes qui doivent produire les effets. Il serait facile de prolonger cet examen, si l'on voulait signaler et détailler tous les inconvéniens qui résultent des machines actuelles, du peu de sûreté qu'elles présentent, et prouver combien elles détruisent le prestige des décorations.

Cependant toutes ces imperfections pourraient aisément être rectifiées, mais pour y parvenir il faudrait s'en occuper et le vouloir. L'unique remède, pour ces améliorations,

raître ce qu'il y a de défectueux, en conservant ce qui est bon : il y aurait une très-grande économie, tant pour la conservation des décorations que pour leur transport, si tous les ateliers et magasins, en général, étaient dans la même enceinte que le théâtre.

Une salle de spectacle doit rassembler dans ses proportions une coupe élégante et commode, qui soit favorable à l'œil et à l'ouïe; ces avantages sont d'une importance très-essentielle pour ménager la voix des acteurs et leur conserver le ton de vérité qui naît d'une bonne diction et d'une méthode de chant impossible à conserver, si les cris sont nécessaires pour se faire entendre.

La manière d'échauffer la salle est aussi importante que celle de la rafraîchir à volonté.

---

serait de ne point s'en rapporter à une seule personne, pour le mécanisme du théâtre, et de mettre cette importante partie, ainsi que la construction de l'édifice, *au Concours;* et que les plans fussent en relief, parce que ce moyen éviterait beaucoup d'erreurs, et ferait que l'on marcherait avec infiniment plus de sûreté, puisque l'on pourrait se rendre compte de tout.

Sans cette précaution, il faut perdre l'espérance de jamais parvenir à construire, dans toutes ses parties, un monument convenable et digne de ce grand spectacle.

Le terrain où est situé le vieux Château-d'Eau, vis-à-vis le Palais Royal, a toujours été regardé comme la place la plus centrale pour l'Opéra, parce qu'en abattant les maisons qui la cernent, le bâtiment principal serait entièrement isolé.

L'éclairage en bougie est préférable à tout autre, en ce que, d'abord il ne porte aucune mauvaise odeur, et moins de chaleur, et ne fait aucun tort à la lumière du théâtre, qui doit toujours avoir la supériorité pour l'effet général.

L'orchestre des musiciens ne doit pas être trop élevé ni trop bas : le premier de ces défauts empêche les spectateurs d'y voir ; le second rend la musique sourde ; il serait à propos de placer les contre-basses de manière à ne pas gêner la vue du théâtre ; la bougie est également préférable pour les musiciens, en ce que la douceur de sa clarté ménage la vue.

L'éclairage avec le gaz épuré est excellent pour l'extérieur et seulement l'intérieur du théâtre, parce que, n'étant pas renfermé, son évaporation se fait moins sentir.

Cette lumière est parfaite pour l'effet de la scène. Par le moyen du gaz on peut obtenir une graduation de clarté vraiment magique, et on ne serait pas obligé de faire des invraisemblances choquantes, lorsque l'action commande de passer du jour à la nuit ; on peut aussi en obtenir de grands avantages pour figurer des illuminations, des transparens, etc. Ce procédé serait une amélioration sensible tant pour l'économie, l'illusion, que pour et la propreté des décors, en ce qu'ils ne seraient plus enfumés ni tachés d'huile.

Il y a aussi en Angleterre un moyen de faire

toute espèce de feux et de flammes de couleur, qu'il serait très-bon d'adopter; il est d'une grande utilité dans beaucoup d'occasions.

Une chose très-importante serait de trouver un procédé pour faire évaporer de suite la fumée provenant de l'artifice, lorsqu'on est obligé d'en employer sur la scène; car tous les effets qui viennent après sont perdus, ainsi que la fraîcheur des costumes; les chanteurs surtout en sont fortement incommodés et le public n'en souffre pas moins.

L'isolement d'un édifice, comme celui de l'Opéra est à désirer pour lui donner ce caractère de noblesse qu'il doit avoir, et cette sûreté publique que la prudence commande. La raison et le goût exigeraient, il me semble, que le temple des Muses fût d'un ordre d'architecture grecque.

CHAPITRE II.

Des Ecoles de Chant et de Danse.

J'ai remarqué depuis long-temps que l'on passait légèrement sur les qualités physiques que devraient avoir ceux qui se destinent au théâtre; et cependant on convient que les dons de la nature sont des avantages essentiels à la scène ; pourquoi donc n'être pas plus exigeans lors de la réception des jeunes élèves dans les écoles? car l'on sait qu'au théâtre on ne doit voir la nature que sous les formes les plus agréables.

Ces dispositions physiques que j'exige chez les élèves abrégeraient beaucoup de temps dans leurs études et donneraient certainement des résultats encore plus satisfaisans que ceux que l'on obtient.

Il me semble que, dans l'enseignement, en général, on ne s'attache pas assez, dans les écoles, à faire des sujets secondaires, tels qu'ils devraient être dans les Théâtres Royaux, et que réclame si impérieusement l'ensemble des ouvrages.

On pousse quelques élèves pour faire valoir en eux une qualité brillante; mais on les produit trop vîte pour qu'ils acquièrent les principes nécessaires à faire de bons doubles, de bons coryphées, de bons chanteurs des chœurs et de bons figurans, et enfin d'excellens professeurs ; avantage que l'on ne peut obtenir qu'en sachant son état à fond. Il faut le temps à tout ; et, si l'on allait plus graduellement, le talent des élèves serait plus perfectionné, leurs moyens mieux développés, et conséquemment l'un et l'autre plus durables.

Il faudrait aussi que les écoles ne fussent pas instituées pour peupler les théâtres des provinces, ni ceux de l'étranger , et que ces spectacles n'eussent que les élèves qui seraient désignés dans les examens pour ne plus faire partie des classes et n'être pas appelés au service des Théâtres Royaux.

Il serait bien nécessaire, pour que le Gouvernement eût un résultat avantageux des sacrifices qu'il fait pour les écoles , que chaque élève contractât un engagement de tant d'années pour qu'il ne pût disposer de son talent qu'au bénéfice de nos théâtres, et payer, par cet acte de reconnaissance , sa dette à son pays.

Le choix des maîtres est de la dernière importance, puisqu'il est la base de la prospérité des arts , des sujets et des théâtres.

CHAPITRE III.

De la création d'une Ecole théâtrale.

Tous ceux qui s'occupent de l'art théâtral, sont d'accord que les débuts sur nos grands théâtres sont prématurés ; et que, par cet abus, les Théâtres Royaux sont devenus, plutôt des théâtres d'essai, que de perfection.

On donne, pour motiver cette facilité de les accorder, que cette faveur encourage les élèves. Je réponds que l'on est dans l'erreur, et je soutiens, au contraire , qu'elle arrête les progrès et détruit l'émulation qui ne peut exister pour un ordre que l'on obtient aussi aisément. Il en est de cet usage comme des succès; l'élève , abusé , oublie les moyens qu'il a employés pour les avoir, et prend la faveur qu'on lui a faite pour un droit acquis par son talent.

Je puis naturellement parler ici d'un projet que j'ai présenté à l'autorité, en 1816, pour parer à l'inconvénient que je viens de faire remarquer.

Il consistait à créer un théâtre d'élèves que je sollicitais former à mes risques et périls , en cas que l'autorité ne voulût pas en prendre la charge.

Je démontrais , dans ce plan , la nécessité d'essayer les élèves, en les mettant tout-à-fait en scène avant que de les produire sur les Théâtres Royaux , où je crois qu'on ne devrait se présenter qu'avec un talent sur lequel on puisse prononcer.

Avec une succursale, telle que je l'ai proposée, on éviterait une faute bien grave , celle d'envoyer les élèves se former en province, où les jeunes acteurs, par le genre qui domine actuellement et le travail forcé qu'on est obligé d'y faire, ne peuvent qu'énerver leurs moyens et altérer les plus heureuses dispositions.

Cette école théâtrale une fois instituée , aucun élève , quel que fût le genre qu'il eût embrassé, soit qu'il arrive de la province, ou sorte des petits spectacles de Paris, ne pourrait débuter sur les Théâtres Royaux qu'après avoir fait ses preuves à cette école scénique, et subi un examen devant un jury dramatique qui accorderait ou ajournerait le début, en enjoignant au récipiendaire, s'il lui trouvait les dispositions convenables, de s'exercer, quelque temps, à l'école pratique pour obtenir la faveur de se montrer à côté des grands talens.

Car il faut en convenir : est-il possible que, dans une seule scène que récite ou chante un élève, dans un pas, une seule action pantomime, est-il possible, dis-je, que l'on puisse juger du talent?

Non, je ne le crois pas ; il faut jouer plus d'un rôle au théâtre, pour pouvoir se rendre un compte exact des vrais moyens et de l'intelligence des élèves.

Il est tout simple, du reste, qu'il ne sorte des écoles que des sujets dont le talent ne soit pas déterminé, la scène seule leur donne l'essor et finit par en faire de véritables artistes.

Il est donc important, pour le bien de tous ; de préparer sur une scène secondaire, mais première dans ses principes, les jeunes élèves pour qu'ils puissent profiter avec fruit des excellens exemples que leur offrent nos grands théâtres.

Mon plan fut écarté par la raison qu'il aurait

fallu créer un théâtre de plus, et, depuis cette
époque, quatre nouveaux se sont élevés!!!

~~~~~~

CHAPITRE IV.

Du Rétablissement de l'ancienne Académie Royale de Danse.

LES amateurs éclairés de l'Opéra n'ont qu'une
seule opinion ; tous sont d'accord que la réunion
parfaite des arts tient surtout à ce que les diverses
branches qui composent ce bel ensemble, soient
scrupuleusement surveillées.

Cette pensée m'a conduit à réfléchir sur les
moyens à employer pour obvier aux abus qui se
sont depuis long-temps introduits dans l'exécution de la danse.

Dans le monde, les beaux-arts tels que la musique instrumentale et vocale, la déclamation
lyrique et la peinture, sont généralement mieux
appréciés que la danse théâtrale, parce qu'elle ne
fait pas partie de l'éducation. En danse, combien
de gens étrangers à cet art préconisent des écarts
que le goût désavoue tout bas !

Un chanteur qui laisse échapper des tons mal
assurés, un chef d'orchestre qui ne ménage pas
assez les fortés, un peintre qui hasarde des décors
~~~~~~

de mauvais goût, un machiniste qui ne possède pas les secrets de Merlin l'enchanteur, sont autant de disparates qui excitent l'hilarité du public.

Pourquoi ce même public est-il si indulgent pour les danseurs ? j'en ai, je crois, démontré la cause.

Pour remédier à un inconvénient, si préjudiciable pour l'art de la danse, la seule chose qui puisse la préserver d'une décomposition totale, c'est de rétablir les divers genres si importans à l'Opéra ; et, pour en assurer le maintien, ainsi que des vrais principes, de réorganiser l'ancienne Académie Royale de danse, instituée par Louis XIV, la seconde Académie établie en France, en 1661, dont les lettres patentes furent vérifiées et enregistrées au Parlement de Paris, en 1662.

Je vais ici rapporter l'extrait de l'ordonnance du Roi, parce qu'il fera mieux comprendre son esprit, l'utilité et le but de cette institution, que tout ce que je pourrais en dire.

« Louis, par la grâce de Dieu, etc. Bien que
» l'art de la danse ait toujours été reconnu l'un
» des plus honnêtes et des plus nécessaires à for-
» mer le corps et lui donner les premières et les
» plus naturelles dispositions à toutes sortes
» d'exercices et, entre autres, à ceux des armes,
» et par conséquent l'un des plus avantageux et
» plus utiles à notre noblesse et autres qui ont

» l'honneur de nous approcher, non-seulement
» en temps de guerre, dans nos armées, mais
» même en temps de paix, dans les divertissemens
» de nos ballets ; néanmoins il s'est, pendant les
» désordres et la confusion des dernières guerres,
» introduit dans ledit art, comme en tous les
» autres, un si grand nombre d'abus, capables
» de les porter à leur ruine irréparable, etc.,
» etc.

» Beaucoup d'ignorans ont tâché de la défigu-
» rer et de la corrompre en la personne de la
» plus grande partie des gens de qualité, ce qui
» fait que nous en voyons peu dans notre cour et
» suite capables et en état d'entrer dans nos bal-
» lets ; quelque dessein que nous ayons de les y
» appeler ; à quoi étant nécessaire de pourvoir,
» et desirant rétablir ledit art dans sa perfection
» et l'augmenter, autant que faire se pourra, nous
» avons jugé à propos d'établir, dans notre bonne
» ville de Paris, une *Académie Royale* de *danse*,
» composée de treize des plus expérimentés du-
» dit art, etc. etc., dont les noms suivent ».

Ayant donc formé le projet de cette réorganisation, j'en parlai à mes camarades ; plusieurs y
avaient aussi songé, tels que MM. Gardel, Despréaux, Milon et Coulon père, qui convinrent
avec moi de la nécessité de ce rétablissement pour
l'amélioration de notre art, tant pour régénérer
ses principes fondamentaux, que pour sa classifi-

cation et dénomination des pas, qui tous les jours devient moins intelligible pour l'enseignement, ainsi que pour donner des règles sûres à la partie chorégraphique , tout à fait incomplette (1) et

---

(1) L'art d'écrire la danse est encore dans son enfance , et ne peut , tel qu'il existe maintenant , être d'aucun secours à nos compositeurs.

Il y a beaucoup de livres de diverses chorégraphies ; et, quoiqu'elles se ressemblent toutes dans le fond , elles diffèrent pourtant assez dans les détails pour ne pouvoir servir qu'à leurs auteurs , parce que chacun d'eux a voulu faire prévaloir son système.

Il n'est donc qu'une réunion de professeurs expérimentés dans l'art de la danse , et reconnue officiellement , qui puisse déterminer avec succès une règle uniforme et sûre , pour devenir une méthode générale.

L'opinion du fameux Noverre n'était pas favorable à la chorégraphie (*), et nous devons vivement le regretter, car les idées lumineuses de ce génie créateur auraient jeté une grande clarté sur cet art.

Plusieurs artistes n'ont pas partagé l'opinion de ce grand maître sur l'art d'écrire la danse , ni l'erreur de quelques personnes qui croyent que , parce qu'une chose n'a pas été faite , elle est infaisable ; MM. Despréaux, Milon, Didelot et Coulon père ont prouvé , en s'occupant spécialement de cet art (**), qu'il pouvait atteindre un développement

---

(*) Lettres de M. Noverre sur la danse et les ballets.

(**) MM. Despréaux, Milon , Didelot et Coulon père ont chacun fait une chorégraphie , et l'ont mise en pratique avec assez d'avantage , mais ces ouvrages n'ont point été publiés et ne sont connus que de quelques artistes. M. Anatole , pensionnaire de l'Opéra , s'est aussi occupé d'une manière d'écrire la Danse.

dont la terminaison est tant désirée pour la conservation des ouvrages des grands maîtres, qui,

---

tout-à-fait satisfaisant, et leurs essais donnent des probabi-
lités de croire qu'avec de la persévérance et la réunion de
tous les matériaux de ceux qui ont travaillé sur cette matière, on peut espérer de parvenir à noter la danse comme
on fit du chant.

On a aussi prodigieusement écrit sur la partie historique
de la danse, et des qualités qu'il faut posséder pour bien
danser ; (***) mais on n'a rien indiqué sur son mécanisme
ni sur les principes à employer pour y parvenir. Ce sont cependant ces principes qu'il faudrait développer et perpétuer ;
mais, pour exécuter un travail aussi étendu, le talent d'un
seul artiste quelque mérite qu'il eût ne peut suffire, et le concours d'une réunion d'hommes éclairés en ce genre est in-
dispensable pour un ouvrage de cette importance.

Il en est de même pour la classification de la danse et la
dénomination de tous les pas et enchaînemens, car le dic-
tionnaire que M. Compan fit paraître en 1787 n'est plus
satisfaisant, vu la multitude des nouveaux pas créés depuis
cette époque.

Je crois pouvoir indiquer ici qu'un ouvrage sur la chiro-
manie ou l'art de faire des gestes, serait très-utile pour nos
ballets d'actions, attendu que celui d'Engel publié en 1788
Idées sur le geste, est plutôt calculé pour le *comédien* que
pour le *mime*.

Nos compositeurs modernes ont fait des innovations
assez heureuses pour espérer les pousser encore plus loin,

(***) On trouve dans les passe-tems de M. Despréaux l'art poétique
de Boileau, ingénieusement travesti pour l'art de la danse, par l'auteur de ce joli recueil.

sans ce secours disparaîtraient pour jamais de notre scène.

Nous nous entendîmes pour ce plan avec MM. Vestris, Albert, Nivelon et Beaupré, et nous nom-

---

Nous sommes un peu trop bornés dans le langage mimique, et sans rien ôter du goût, de la décence et de la noblesse de notre scène, nous pourrions par des signes de convention, donner plus de variété à nos gestes.

Je ne prétends pas qu'on prenne les Italiens pour modèles, mais cependant ils peuvent être cités dans cette occasion, parce qu'ils ont dans leur pantomime le pouvoir d'exprimer beaucoup plus de choses que nous, ce qui rend leur action quelquefois plus intelligible que la nôtre.

Ce résultat vient, je le sais, de ce que ce peuple est plus démonstratif que nous dans ses mouvemens; pourtant, si l'on faisait un ouvrage sur la pantomime où l'on se servît plus qu'on ne fait de la chirologie, (****) il n'y a pas de doute que l'on en recueille un avantage réel : parce que ce langage deviendrait familier à tous ceux qui fréquentent les spectacles.

Tous les artistes doivent gémir de ce que le célèbre Dauberval, le Protée de notre art, n'ait laissé que par tradition le souvenir de ses divins talens; son nom, sans doute, passera à la postérité la plus reculée, mais ses excellens préceptes s'évanouiront avec le peu de ses disciples qui nous restent encore.

Nous avons, dis-je, dans l'art pantomime et la danse mimique, des hommes dont la brillante pratique et la théorie supérieure peuvent vaincre les difficultés que mon projet présente, hâtons-nous donc de mettre ces artistes à même

---

(****) La chirologie est l'art de s'exprimer par des signes.

mâmes pour nous diriger et nous représenter M. Gardel que ses grands talens et son titre de premier maître de ballet de l'Opéra, placèrent naturellement à notre tête.

Nous fîmes en conséquence une demande par écrit que nous signâmes, et nous y joignîmes notre plan que nous envoyâmes au Ministre en 1819, en le suppliant de vouloir bien prendre en considération notre demande.

Nous fûmes frustrés dans notre attente, notre demande demeura sans réponse. Nous attachions dans l'intérêt de l'art un grand prix à la réorganisation de cette académie ; elle aurait fait naître aux jeunes élèves qui se livrent au simple mécanisme du métier, le désir de s'instruire pour aspirer un jour à être admis au nombre de ses membres (2).

La considération est la monnaie courante des artistes ; les prévenances, les égards flattent leur amour propre, encouragent leur zèle et échauffent leur imagination.

---

de laisser à ceux qui nous suivent quelques-uns de leurs secrets.

(2) Cette académie se serait associée tous les célèbres compositeurs, danseurs et professeurs distingués qui sont en France ou en pays étranger, et aurait tiré un grand avantage de cette mutuelle correspondance.

CHAPITRE V.

Du genre caractéristique de la scène lyrique et mimique de l'Académie Royale de musique.

Le merveilleux et la magnificence doivent présider, à quelques exceptions près, à la mise en scène des ouvrages.

N'oublions jamais ce que le régulateur du Parnasse et divers auteurs ont écrits sur l'opéra, et mêlons nos concerts de louanges pour honorer le génie qui le créa.

La mythologie de tous les peuples, l'histoire de tous les pays, la féerie, le haut comique, la pastorale même et les poësies du monde entier, ne sont pas des mines tellement épuisées qu'un homme d'un goût sûr ne puisse encore exploiter, et montrer dans un cadre nouveau.

On a dit et souvent répété que tous les genres étaient bons, hors le genre ennuyeux, je ne veux pas combattre cette idée ni cependant lui donner trop d'extension.

On ne m'accusera pas sans doute de m'être déclaré l'ennemi des divers genres, mais cette concession faite, c'est au goût à diriger le choix, comme à distribuer la pompe et l'éclat dans les brillantes conceptions de ce magnifique spectacle, et lui assurer, à bon droit, le titre du premier théâtre de l'Europe.

Le public, et les artistes même, éprouveraient quelque délassement en voyant de temps en temps des ouvrages d'un genre moins sérieux et moins noble se glisser sur la scène ; mais ces légères productions devraient être toujours marquées au coin du vrai beau. Dans cette terre classique du merveilleux, les plaisanteries de mauvais goût ne doivent jamais avoir droit de bourgeoisie. Montrons-nous sévères dans le choix des ouvrages, et ne souffrons jamais qu'un acteur soit plaisant avec bassesse, gai avec trivialité, et noble avec une fausse dignité.

Les bons ouvrages ont le double mérite de plaire au public éclairé, et de former le talent des acteurs.

CHAPITRE VI.

De la réception des Ouvrages

La porte de l'Académie Royale de musique est ouverte, dit-on, aux auteurs de tous genres : ainsi, les poëtes, les compositeurs et les chorégraphes, peuvent travailler et présenter leurs ouvrages, ils seront reçus par le Jury littéraire, qui en prononce l'acceptation avec la plus parfaite impartialité.

Mais être reçu, et joué sont deux choses bien différentes à l'Académie Royale : avant que d'en venir à ce point l'Auteur est mort ou tout au moins hors d'état, par sa vieillesse, de donner ses soins à la mise de son ouvrage ; mais encore peut-on l'exécuter pour lui : car un poëme et une partition sont écrits, et alors toutes les pensées des auteurs peuvent à peu près se produire.

Cet inconvénient de traîner en longueur la mise des ouvrages est beaucoup plus grave encore pour le chorégraphe où tout le mérite d'un ballet se développe dans la manière de *faire* de l'auteur, puisque dans cela *seul* existe véritablement l'esprit et le style du maître de ballet; car, il faudrait, pour ainsi dire, que son ouvrage fût exécuté presque aussitôt qu'il est conçu, étant obligé de tout créer, il a besoin de ce feu et de cet enthousiasme si nécessaires aux productions de ce genre.

Le vice de mettre si peu de nouveautés ou de prendre trop de temps lorsque l'on s'y détermine, se fait doublement sentir au répertoire qui est toujours le même ; il finit par user jusqu'au dernier dégré des ouvrages qui doivent à jamais servir de modèles et faire l'ornement de la scène ; mais il faudrait les donner rarement et ne les représenter qu'avec toute la perfection possible.

Je pense que pour la réception des ballets pantomimes, il serait à propos que l'on admît dans le Jury, au moins deux chorégraphes, parce qu'il y a des choses dans un programme de ballet, qui n'est au fond que le plan et le squelette d'ouvrage de cette nature, des choses, dis-je, qui ne peuvent être bien senties que par ceux dont l'expérience peut en faire juger l'effet, tandis que beaucoup de jolies idées métaphoriques élégamment tournées peuvent séduire l'homme de lettres ; mais ne pourraient tromper les gens de l'art, qui s'attachent plus au résultat qu'au style.

CHAPITRE VII.

De la fixation du nombre d'opéras, et de ballets nouveaux à mettre chaque année.

Dans toutes les premières villes de l'Europe il y a un grand Opéra ; d'avance son répertoire est fait pour la saison théâtrale : le nombre des nouveautés ou ouvrages à remettre est fixé, et chacun d'eux est classé pour une époque qui ne peut varier.

Il y a aussi à ces théâtres un repos annuel.

Pourquoi l'Académie Royale dédaignerait-elle d'adopter un usage qui assurerait le service et qui donnerait aux auteurs la perspective que leurs ou-

vrages seraient représentés , qui ferait que les
artistes du second ordre pourraient prendre
quelque repos et laisseraient aux principaux l'avan-
vage d'aller en France ou chez l'étranger, tirer
avantage de leurs talens , sans que pour cela le
public de Paris en fût privé , ni que les ouvrages
souffrissent de leur absence.

Pendant la clôture, que l'on pourrait fixer du-
rant les deux mois des grandes chaleurs, on aurait le temps d'arranger (au moins pour la moitié
de l'année) l'ordre des spectacles, faire les ré-
parations ou les améliorations qu'exigerait la
salle, de même que la restauration des décors
et des costumes, ainsi que l'inventaire de ce qui
ne peut plus servir et qui embarrasse les magasins , etc.

Il est à remarquer qu'il n'est que dans notre
pays où l'on ne signale pas par de grands spectacles le jour de naissance ou la fête des princes ;
chez l'étranger, c'est ordinairement à ces époques
que sont réservées ces sortes de réjouissances pu-
bliques. Comment se fait-il que ce soit chez les
Français qu'un si noble usage soit encore à introduire au Théâtre du Roi ? Je n'entends pas
pour cela que l'on fasse des pièces de circons-
tances ; je voudrais seulement que l'on profitât
d'une si heureuse occasion qui , en la solemnisant,
donnerait naturellement du relief à un grand
ouvrage.

Pendant les dix mois d'ouverture on pourrait aisément, avec un peu d'activité, monter au moins un grand opéra et un petit, et autant de ballets.

Il serait ridicule, pour ne rien dire de plus, de soutenir qu'à l'Académie Royale de musique de Paris, on ne peut effectuer ce qu'on fait partout ailleurs, puisque dans cette capitale et à ce théâtre, il y a peut-être plus de ressources en tous genres, que dans toutes les villes du monde.

Un ouvrage tel considérable qu'il puisse être, on peut le mettre en scène en six semaines ou deux mois au plus, puisque dans des théâtres plus vastes que celui de l'Académie Royale, et avec autant de monde à faire mouvoir, on n'est pas un mois à répéter les opéras ou ballets que l'on veut exécuter.

En accélérant ainsi la mise en scène des ouvrages nouveaux, il y aurait un avantage marquant pour les artistes, parce qu'ils établiraient des rôles, ce qui forme des talens originaux, qui en général se développent plus souvent en créant, qu'en jouant le répertoire des acteurs qui les ont précédés, puisque malgré soi, il faut imiter, et se rendre souvent par préjugé esclave des traditions.

CHAPITRE VIII.

Du régisseur général de la scène (1).

UNE place importante et très essentielle pour le bien du service, serait de créer celle de régisseur général de la scène ! Car, pour y suppléer il faudrait au moins trois ou quatre Inspecteurs, pour que chaque partie fût convenablement surveillée.

Un régisseur éclairé pourrait, assisté des chefs, mettre les opéras en scène et éviter bien des inconvenances théâtrales, en faisant disparaître une infinité de choses purement routinières.

Un homme de goût occupant cette place, ne souffrirait pas qu'on altérât les costumes comme on le fait journellement, surtout les danseurs et les danseuses. J'ai vu dans les opéras et les ballets du genre Grec, pastoral et autres, toutes les dames coiffées à la Chinoise, etc. des habits riches quand il en fallait de simples, et souvent d'une coupe différente à celle exigée par le caractère de l'ouvrage ; les amours, les zéphirs

---

(1) Ces idées étaient jetées sur le papier long-tems avant la dernière organisation de l'Académie royale de musique, et le changement de direction.

chaussés en souliers puce , vert ou noir ; Vénus ,
et le blond Phœbus avec une chevelure couleur
d'ébène.

La scène de l'opéra ne devrait-elle pas être
l'endroit où les artistes en tout genre, et les
savants même , trouvassent en pratique le fruit
de leur recherches, puisque les représentations
théâtrales ne sont autres que toutes les descrip-
tions mises en actions et des tableaux vivants.

On ne saurait donc prendre trop de soins et
faire trop de recherches pour que les costumes,
les mœurs, les lieux et les coutumes des divers
peuples que l'on représente , soient de la plus
parfaite exactitude.

Ce conservateur serait sans doute soigneux pour
une partie non moins essentielle , je veux parler
de l'éclairage de la scène, qui est souvent extrême-
ment négligé ; ce défaut de lumière fait un tort
réel aux costumes et aux décorations dont il ôte
toute la fraîcheur ; et aux acteurs, le jeu de physionomie.

Une des choses aussi à laquelle on porte bien
peu d'attention , et qui pourtant est d'une conséquence infinie dans la mise en scène , est la
grossièreté avec laquelle les ustensiles sont confec-
tionnés , et leur peu de rapport avec les ouvrages
dans lesquels on les emploie.

Tout dans cette partie est aussi confondu que
le style des costumes, et cependant, ces deux

points ont une influence plus grande qu'on ne se
l'imagine sur l'ensemble général de la mise en
scène, parce que, si l'on était plus strict dans ces
détails, les artistes eux-mêmes mettraient plus
de soins à connaître le caractère, les usages et les
habitudes des personnages qu'ils représentent.

Il est assez commun de trouver au théâtre
comme dans le monde, que de grands résultats
soient souvent produits par de petites causes, que
l'on regarde pour la plupart comme très-insi-
gnifiantes, et qui pourtant ont une action directe
sur les objets qui paraissent le moins se rappro-
cher. Cette idée me conduit à dire un mot sur les
comparses et leur chef.

Lorsque les soldats paraissent sur le devant de
la scène, ils provoquent le rire, ce qui est très-in-
convenant dans la représentation d'ouvrages sérieux ; mais trois motifs justifient cette espèce de
réprobation de la part du public. 1.º Le physique
des soldats que l'on emploie, 2.º La manière gro-
tesque dont ils portent leurs costumes 3.ᶜ et la mal-
propreté des habits dont ils sont revêtus.

Pourquoi ne pas éviter tout ce qui peut être
justement ridiculisé ; deux moyens bien simples
peuvent être employés pour prévenir ces risées.
Le premier serait de choisir des hommes que l'on
pût présenter au public, le second de ne pas
faire exécuter des marches aussi près de l'avant-

scène , la perfection veut que l'on soigne les moindres détails.

Le chef des comparses devrait connaître parfaitement toutes les manœuvres militaires, et avoir une grande habitude de la scène pour composer toute espèce d'évolutions, etc. et être assez fort dans l'art de l'escrime pour arranger les combats d'ensemble et particuliers, qui sont souvent aussi mal réglés qu'exécutés.

CHAPITRE IX.

Des Peintres en Chef.

COMMENT se fait-il que l'on permette aux premiers peintres de l'Académie Royale de musique de porter leurs talens dans tous les petits spectacles de Paris et de la province. Il me semble que tous les artistes, attachés à un établissement de cette importance, ne devraient être employés qu'à ce beau Théâtre.

Il est pénible de voir que de grands talens soient obligés de faire de semblables spéculations et d'aller dans des théâtres du troisième ordre ; non-seulement cette licence est un inconvénient grave pour l'Académie Royale, mais il l'est encore pour l'artiste, parce que, en composant des tableaux pour d'aussi petits cadres, cela peut rétrécir ses idées.

Il est juste, d'un autre côté, de bien dédommager les talens, pour qu'ils ne soient pas obligés d'aller chercher fortune ailleurs.

Du reste, il y a, en général, un vice dans toute cette partie, qui, par la longueur du temps que l'on passe dans l'exécution des décors, retarde tellement la mise en scène des nouveautés, qu'elle entrave entièrement le service; il est bien important de penser à un objet d'un si haut intérêt, et surtout d'y porter un prompt remède.

CHAPITRE X.

De l'utilité de créer une place de Mécanicien.

LE machiniste et le mécanicien sont deux places et emplois bien distincts : le premier fait mouvoir tout ce qui est du ressort des machines en général ; et le second, tout ce qui regarde les détails et mouvemens purement mécaniques, comme les transformations, métamorphoses de toutes espèces, etc.

Il ne faut jamais perdre le souvenir que l'Opéra est le spectacle des merveilles. Comment parvenir à produire les illusions que ce genre exige , sans

le secours du mécanisme ? donc un artiste mécanicien est de la plus grande nécessité à ce théâtre ;
aussi ferait-on bien de s'en attacher un d'un mérite reconnu, et qui pût consacrer son talent à la
scène, afin de pouvoir l'employer avec succès ;
car, je le répète, l'Opéra, le pays des prestiges
et des enchantemens, ne peut se passer d'un tel
auxiliaire.

CHAPITRE XI.

Du Comité décidant les débuts.

Je voudrais que ce Comité ne fût pas composé
de professeurs appartenant à l'Académie Royale,
ni d'artistes en activité à ce théâtre, parce que les
uns peuvent être taxés de prévention pour telle
ou telle méthode d'enseignement ; et que les autres
se trouvent être juges et parties, par conséquent
récusables de fait et de droit.

Je suis dans la plus ferme persuasion que ces
personnes jugent d'une manière tout-à-fait impar-
tiale, mais il n'en est peut-être pas de même de
l'opinion de ceux dont les intérêts ou l'amour-
propre peuvent être froissés par leurs décisions.

Pourquoi ne pas éviter de telles récriminations,
en formant un Comité entièrement composé d'ar-

tistes indépendans de l'Opéra et de l'influence supérieure?

Ce mode concilierait tout, serait plus en rapport avec les intérêts de l'Opéra, et conforme aux principes de la justice, puisque toute apparence de considération particulière disparaîtrait; il ôterait enfin tout prétexte de plaintes à ceux que tout ombrage.

CHAPITRE XII.

Des débuts en général.

On s'étonne avec quelque raison que les débuts produisent peu d'effet à l'Opéra, et par conséquent aucun empressement de les voir de la part du public, c'est qu'on ne se rend pas compte du vrai motif qui entraîne ces deux inconvéniens après lui.

Il faut donc encore le démontrer. La véritable raison est, comme nous l'avons déjà fait remarquer dans un autre chapitre, qu'on est trop facile à accorder cette faveur, et pas assez exigeant pour les qualités que doit impérieusement avoir un dé-butant qui paraît sur la scène, proclamée à juste titre la première de l'Europe.

Si l'on prenait plus de soin à ne recevoir que les personnes qui sont appelées par leurs moyens et leurs talens à faire, un jour, l'ornement de ce beau théâtre, en écartant de cette scène les élèves qui ne peuvent monter les dégrés du Temple, mais qui pourtant en obstruent le passage à ceux faits pour y parvenir, on épargnerait bien des événemens fâcheux, entre autres, celui de faire naître, par ces sortes de complaisances, des prétentions excessives aux demi-talens, et par conséquent donner l'essor à l'intrigue toujours aux aguets pour arracher la faveur et les places au vrai mérite. Tout ce qui peut encourager les ambitieux sans mérite, est vicieux et préjudiciable à l'art et aux jeunes élèves qui travaillent à se perfectionner.

Je ne cesserai de le répéter : l'Ecole théâtrale est le seul remède radical.

Il en est de même pour les jeunes auteurs d'opéra et de ballets : il est convenable et très-avantageux d'accueillir et d'admettre les compositeurs qu'une brillante renommée précède ; mais il serait imprudent de faire des dépenses et de perdre le temps plus précieux encore que l'argent pour des auteurs qui entrent dans la carrière, et qui ne peuvent offrir, par leur réputation, une certaine responsabilité ; cependant il serait injuste de ne pas essayer les talens de ceux qui se présentent, et pour cela encore on trouverait le théâtre d'essai doublement avantageux.

Car, comme nous l'avons fait observer, l'Académie Royale ne peut et ne doit jamais être une

scène où des commençans doivent se présenter ;
il faut à ce grand Théâtre des talens acquis, et non
en perspective.

CHAPITRE XIII.

De l'avantage des genres (1) *dans la danse.*

LES différens genres dans la danse furent l'effet
naturel de la diversité du physique chez les hommes, aussi s'établirent-ils très-distinctement dès
que l'on fit un art de cet amusement, en y adap-
tant des principes et des règles, comme il arriva
à la musique, à la peinture et à tous les arts qui
tirent leur origine de la nature et qu'on appelle
arts d'imitation, dont la danse et la pantomime
font essentiellement partie.

Ainsi, l'homme d'une taille élevée, n'ayant pas
autant d'agilité que celui d'une moyenne gran-
deur, et celui-là, moins de vivacité, en général,
que l'homme tout-à-fait petit, forma sa danse sur
le caractère noble ; le second, plus enjoué, et le
troisième, tout-à-fait gai, ce qui constitua les trois

____

(1) On doit entendre, dans l'acception que nous donnons
au nom de genre les caractères de la danse composée, et
non les différentes danses nationales de tel ou tel pays.

genres de danses, sous la dénomination de sérieux, demi-caractère et de comique.

Il me semble qu'à présent, comme autrefois, les hommes ne sont pas jetés dans le même moule, puisque leur proportion, leur force, et leur intelligence ont autant de différence entre eux que leur physionomie.

Nous devons franchement l'avouer, il faut que les artistes aient bien peu réfléchi pour adopter comme principe, de se copier l'un l'autre ; ils ignorent donc qu'en dansant tous le même genre, ils prennent l'engagement tacite d'avoir la même supériorité de talens ; ce peu de réflexion, de la part des élèves, et d'examen dans leurs moyens, les contraint le plus souvent à rester au point de départ, et les range dans la classe des talens médiocres, tandis que, s'ils consultaient leurs forces et leur construction, ils parviendraient à faire des sujets du premier ordre.

Le principe dominant est donc, selon moi, une véritable calamité pour l'art de la danse, et nuisible aux intérêts de ceux qui l'exercent.

Quel était donc le véritable avantage résultant de la variété des genres dans la danse ; les divertissemens des opéras et des ballets avaient chacun une couleur différente, et produisaient par cela même, infiniment plus d'effet (2) et des talens

---

(2) Le divertissement du second acte d'Iphigénie en Aulide, quoique altéré, peut cependant servir d'appui à ce

tout à fait opposés, parce que chaque artiste tra-
vaillait d'après ses moyens, et en tirait tous les
avantages que la nature lui avait accordés.

Il en est différemment aujourd'hui par la confusion et l'absence des genres. Qui voit un divertissement les connaît tous ; qui a vu un danseur sait
tout ce que l'on fait maintenant en danse ; car
les pas de deux, de trois, etc. se ressemblent tous,
et ne différent un peu que par la musique, encore la plupart du temps Euterpe est-elle obligée
de suivre humblement l'uniformité de Terpsichore, elle qu'on voyait autrefois commander à
sa sœur et l'asservir à ses moindres caprices.

De cet inconvénient de tout confondre, dé-
coulent tous les autres abus, et surtout une mono-
tonie reconnue par les personnes même les plus
étrangères à cet art.

Il serait donc bien à désirer que l'on prît des
moyens pour arrêter un mal qui peut devenir
encore plus grand, et qui au point actuel, est
funeste au développement et aux progrès de la
danse, préjudiciable aux artistes, et contraire aux
plaisirs du public.

Les genres pourraient se rétablir, (3) je pense, en

---

que j'avance, et le plaisir que le public témoigne à la
variété des pas et de musique que ce ballet lui offre, doit
suffisamment prouver que le goût est toujours le même, et
que les bonnes choses ne vieillissent jamais.

(3) Voyez la note à la fin de cette brochure.

surveillant les écoles, et en faisant des ouvrages chorégraphiques où ils fussent bien distincts, comme l'est par exemple le ballet de Télémaque pour le genre sérieux, je veux parler ici de la manière dont il a été créé. En donnant aux maîtres des ballets, l'autorité nécessaire pour que l'on ne puisse altérer leurs compositions; car, souvent elles sont défigurées par les changemens que ceux qui les exécutent y apportent. Lorsque l'artiste à qui les rôles ou les pas sont confiés a du goût, il peut quelquefois faire d'heureuses innovations, parce qu'il se renferme toujours dans les intentions de l'auteur, mais lorsqu'il manque de jugement, il fait disparaître la couleur de l'ouvrage en s'écartant des idées du compositeur, et en détruit l'effet général, tant dans la danse que dans la pantomime.

Je ne puis m'empêcher de croire que la réorganisation de l'Académie Royale de danse, n'ait une puissante influence pour réhabiliter les vrais principes et les bonnes traditions, qui, quoiqu'on en puisse dire seront toujours de mode (4).

---

(4) Je ne présume pas que cette idée soit ridiculisée, en feignant de croire que je veuille que la danse revienne à son tems gothique, et à une vieille méthode repoussée par le bon goût de tous les âges; je suis loin de penser comme ces esprits routiniers, qui n'admettent que ce qui s'est fait autrefois, et qui ne veulent savoir que ce qu'ils ont appris.

CHAPITRE XIV.

Du mode qu'on devrait suivre pour accorder les places aux artistes dans tous les emplois.

Le moyen le plus efficace, je crois, d'encourager les élèves au travail, et de faire acquérir ou conserver le talent aux sujets qui en ont déjà, serait de laisser une perspective d'avancement où l'on puisse arriver sans l'aide de la protection, et sans ce funeste et décourageant usage de priorité que l'on ne devrait jamais faire valoir qu'à égalité de talent; le réglement le dit, il est vrai, comme il dit bien d'autres choses; mais à quoi servent des lois que l'on n'observe jamais.

Pour arriver à tous les emplois sans le secours de la faveur, le mode le plus simple et le plus juste, serait sans doute de faire *concourir* pour toutes les places, même les plus subalternes. En effet, quelle conséquence y a-t-il qu'un double doive être un bon remplaçant, et que celui-ci, puisse faire un premier sujet tel qu'il doit être au premier théâtre du monde (1).

---

(1) Aurait-on oublié ce proverbe si juste : « Tel brille « au second rang qui s'éclipse au premier ! ! ! » Et serait-il

Non, il n'y a aucune raison valable à donner pour soutenir une coutume qui choque toute idée de justice. Le seul mérite dégagé de toute autre considération devrait avoir la prérogative sur l'avancement.

Il y a une règle maintenant sur laquelle on s'est étrangement trompé, parce que l'on a fait précisément le contraire de ce qu'on devait faire. Je veux parler de l'article qui donne les places de premiers sujets et de remplaçans, deux ans avant que d'en obtenir les appointemens.

De certains émolumens devraient être distribués, il me semble, pour récompenser les services et les acteurs utiles, et les *places importantes* soigneusement *réservées* pour les *talens supérieurs*. Que peut-on offrir ou faire espérer à un jeune sujet que vous mettez prématurément au rang le plus élevé ; de cette trop grande facilité à accorder les premières places, résulte un tort inappréciable dans l'organisation générale ; parce que cette précipitation peut peut-être fermer la porte à un artiste consommé, qui aurait fait la gloire du théâtre.

Il est donc, à mon avis du moins, d'une éminente nécessité, de ne nommer aux principaux emplois que les artistes généralement reconnus dignes de

---

applicable à tout excepté à l'art théâtral, pour lequel on dirait partout que cette sentence a été prononcée.

les occuper ; parce qu'une fois revêtus du *titre de premier sujet*, ils commandent, pour ainsi dire, à l'opinion publique , et sont pris pour modèles par tous les jeunes élèves ; enfin , la prospérité et la gloire de l'Académie Royale est entièrement dans le discernement de ce choix ; et l'on devrait, je le répète, n'arriver à ce haut dégré que par la *voie du concours*, qui devrait admettre tous les talens supérieurs existant en Europe , lorsqu'ils se présenteraient comme candidats ; c'est alors que les efforts des sujets animés et soutenus par une noble émulation , produiraient de grands talens en tous genres (1).

CHAPITRE XV.

Un mot sur le matériel.

QUOIQUE mon intention ne soit pas de parler sur le matériel de l'opéra, parce que cette matière m'étant étrangère je craindrais de m'égarer ; ce-

____

(1) Ce conseil peut, aux yeux de quelques personnes , paraître une injustice criante ; mais, en réfléchissant, elles seront, j'en suis certain, de mon sentiment ; et persuadées, comme moi, que la faute la plus grave, la moins tolérable, est celle de ne pas consulter les intérêts généraux, qui sont , en même-temps , ceux du public, puisque ses plaisirs en sont le résultat.

pendant, j'en dirai quelques mots pour ce qu'elle a de rapport avec les chapitres précédens.

J'ai fait remarquer dans plusieurs, que la pompe et la magnificence étaient les accessoires caractéristiques du grand opéra. Mais j'ai toujours pensé que pour arriver à ce but, il fallait que les dépenses fussent faites avec discernement; convaincu par plusieurs exemples, qu'une trop grande libéralité ne peut rendre meilleur un mauvais ouvrage, ni même le faire réussir. Une grande profusion de décors et de costumes peut, pour quelque temps, soutenir un opéra ou un ballet médiocre: mais très-certainement, ne le sauvera pas de sa chute, lors même que l'on y aurait déposé cent cinquante ou deux cent mille francs. Un mérite intrinsèque dans les ouvrages, une distribution de richesse bien entendue et une parfaite exécution, sont les véritables sources de succès et les seules durables.

Il serait donc prudent de fixer à peu près les dépenses des grands ouvrages : car, si quatre-vingt ou cent mille francs ne suffisent pas pour monter un opéra, il n'y a pas de raison pour que cinq cent mille francs soient assez.

J'ai, pour appuyer mon assertion, l'autorité de tous les théâtres des cours étrangères, où pourtant on donne de grands et superbes spectacles, sans faire, à beaucoup près, des dépenses aussi considérables que celles que nous faisons dans les nôtres ; quoique leurs scènes soient plus spacieuses que celles de l'Opéra de Paris, et qu'on y emploie au moins autant de monde pour les remplir, que les étoffes et autres fournitures dont on se sert soient tirées de France, ce qui leur revient naturellement plus cher qu'à Paris.

Comment se rendre compte d'une chose aussi singulière ; je laisse à ceux qui administrent, le soin d'en chercher la cause et de résoudre ce problême.

Les appointemens fixes pour les premiers sujets, quelque différence qu'il y ait dans leur talent, devraient être les mêmes ; le système des gratifications, quand il doublerait les traitemens, n'aurait pas la conséquence qu'entraîne l'augmentation des appointemens, accroissement qui existe de fait par l'extension et le fixement que l'on donne aux traitements supplémentaires.

Je sais que l'artiste d'un mérite supérieur, et qui procure à l'administration d'abondantes recettes, ne peut être traité comme un autre, et il y a justice de l'en récompenser ; mais là surtout serait l'avantage réel des gratifications *mobiles*; c'est que, si ce premier talent vient à perdre de ses moyens, par ce mode de payement irrégulier, et révocable à volonté, il reste sans que son amour-propre soit blessé, à son primitif traitement, et n'est point à charge à l'établissement. Par cette incertitude, l'artiste serait plus soigneux à conserver son talent pour ne pas perdre un avantage qui pourrait lui échapper. Tout le monde gagnerait à ce calcul.

Je suis loin de vouloir qu'on se montre parci-monieux d'argent pour satisfaire et acquérir des talens ; parce que je suis persuadé qu'il n'y a pas de grands théâtres sans eux.

Mais je desirerais que tout fût fait avec ordre et mesure ; je ne puis m'empêcher par cette raison de signaler un abus dans la partie dansante, et bien préjudiciable aux opéras et aux ballets ; je veux parler de la trop grande quantité de pas que l'on introduit dans les divertissemens de l'un et de l'autre ; une longueur si démesurée rend l'action languissante et fait évanouir tout l'intérêt.

En général, il ne faut jamais que l'ornement surcharge l'objet principal dont il détruit l'effet, s'il se trouve enseveli sous l'amas de sa parure.

Une chose sur laquelle on ne devrait faire aucune économie, et qui paraît assez négligée, c'est la tenue et la propreté des costumes, des décorations et des accessoires.

Tout au grand Opéra de Paris devrait être soigné, même les ouvrages les plus anciens, parce qu'on ne devrait jamais oublier le respect dû au public, l'engagement formel pris avec les abonnés, et la déférence que l'on doit aux célèbres compositions des grands maîtres.

L'ordre n'est pas la mesquinerie et n'exclut pas

les dépenses utiles ; au contraire, il met en position d'en faire davantage, et même d'être prodigue dans certaines occasions, ce qui peut, dans un établissement comme l'Opéra, produire les plus heureux effets dans l'ensemble de ce théâtre, où il faudrait moins songer à diminuer certaines dépenses, qu'à augmenter les recettes par la variété des bons et beaux spectacles.

En dernier résultat, je pense qu'il faut plutôt administrer l'Académie Royale de musique en homme de goût, qu'en directeur financier. Ce superbe établissement doit rappeler sans cesse à la postérité, les hautes conceptions des hommes illustres, qui lui ont consacré et leurs veilles et leur gloire.

FIN.

4

NOTE.

Toujours fixe dans mon opinion , que la distinction des genres dans la danse est pour cet art et l'opéra d'un avantage réel , constamment occupé de cette idée , elle me suggéra celle de mettre ce précepte en action , en faisant un ouvrage chorégraphique sur ce sujet.

Je fis donc mon ballet, et le soumis, en 1819 , au jury littéraire de l'académie royale de musique , qui voulut bien recevoir et accueillir cette bagatelle avec une bienveillance toute particulière.

Comme cette composition a un rapport direct avec une partie de la contexture du petit ouvrage que l'on vient de lire, je ne crois pas hors de propos de la mettre sous les yeux du public, en sollicitant, en faveur du motif, la même indulgence qu'elle a déjà obtenue. La voici :

TERPSICHORE,

ou

LE TRIOMPHE DES GRACES,

Divertissement pantomime et allégorique de M. Deshayes.

Personnages.		Personnages.	
Genre sérieux..	Apollon.	Genre sérieux...	Vénus.
Demi-caractère.	Zéphir.	Demi-caractère..	Flore.
Comique......	Pan.	Comique.......	Érigone.

Les muses, les grâces et l'amour.

Bergers, bergères, amours, zéphirs, nymphes, etc.

(*La scène se passe dans la Phocide.*)

Le théâtre représente une campagne délicieuse. Sur le devant de la scène, on voit un temple consacré aux grâces. Sur le frontispice, on lit :

Sacrifié aux Grâces !

Au fond du théâtre coule le fleuve Céphise ; dans l'éloignement, on découvre le mont Parnasse.

Description du tableau que découvre le lever du rideau.

Sous le péristile du temple, un piédestal soutient Terpsichore ; les grâces l'environnent.

Les muses sont groupées autour d'Apollon, de l'amour et des grâces.

Les dieux et les déesses embellissent cette fête ; Apollon, Zéphir, Pan, Vénus, Flore, Érigone avec les attributs qui les caractérisent.

On voit différens groupes de bergers et de bergères ; des amours et des zéphirs folâtrent de tous côtés ; ils jouent de plusieurs instrumens, et forment, avec les divinités, un concert général.

SCÈNE PREMIÈRE.

Plusieurs couples de bergers et de bergères présentent leur hommage à Terpsichore et aux grâces, mais semblent préférer ces dernières.

Les grâces, fières de cet avantage, en montrent un peu trop d'orgueil, et font sentir que les hommes et les dieux mêmes ne peuvent se passer de leurs secours. Les bergers, les bergères ne veulent être enseignées que par elles, dans tous les exercices auxquels ils se livrent.

Terpsichore et ses sœurs paraissent surprises de les voir s'arroger tant de droits; les divinités en marquent aussi leur étonnement; néanmoins, Zéphir, Apollon, Vénus, Flore et les autres dieux se livrent à la joie, et sont encore dirigés par les grâces.

Terpsichore se mêle à ces jeux ; les grâces veulent accompagner ses pas ; mais cette muse, piquée des hommages qu'elles captivent, les prie de ne pas la suivre, et fait entendre qu'elle veut se délivrer de liens importuns.

Les dieux montrent les mêmes sentimens, et félicitent la déesse de s'en être dégagée.

Vénus et l'amour même veulent faire cette rupture avec les grâces. Celles-ci s'en alarmant, cherchent à retenir leurs deux plus chères divinités : leurs efforts sont vains; elles se retirent.

SCÈNE II.

La fête est interrompue par cette disparition subite ; l'agitation est générale.

Terpsichore engage les dieux et les déesses à ne point s'inquiéter de ce départ, et à se passer de leur présence.

Les jeux recommencent. Terpsichore quitte sa harpe pour son tambour, mais il devient dans ses mains la marotte de la folie : la muse, dans son délire, ne s'aperçoit pas de cette différence.

Zéphir n'agite plus les fleurs par la légèreté de son souffle : c'est un vent impétueux qui renverse tout ce qu'il touche.

Apollon n'est plus le dieu de l'harmonie ni de la beauté ; sa démarche, ses poses sont celles d'un terrible gladiateur : sa lyre n'est que sonore.

Pour quitter son aimable enjouement, sa flûte perd ses

doux accords, des sons aigus sortent de sa syrinx : sa gaité ressemble aux transports des satyres.

Vénus n'a plus son sourire enchanteur ; ses gestes, ses pas ont perdu tous leurs charmes.

Flore ne joue pas : c'est une bacchante.

On cherche dans Érigone une nymphe vive et légère.

L'amour, dans un coin, s'ennuie de leurs jeux. Il appèle un groupe de nymphes charmantes pour le distraire. Elles épuisent toutes leurs agaceries, mais elles ne peuvent le fixer, elles sont sans les grâces.

SCÈNE III.

Les trois sœurs, sans être aperçues, épient tout, et jouissent de l'effet qu'a produit leur absence. Dans la confusion, elles dérobent les armes et le flambeau de l'amour, la lyre d'Apollon, la couronne de Flore, et à Vénus sa ceinture : elles fuient.

Les dieux étonnés cherchent ce qu'on vient de leur enlever, mais ce ne sont pas leurs attributs qui leur manquent, ce sont les grâces qui les ont abandonnés.

SCÈNE IV.

Vénus se plaint de ce larcin ; son fils veut la consoler, mais lui-même a perdu le charme de ses caresses. Il le voit, et engage les dieux et sa mère à faire un sacrifice aux grâces pour désarmer leur courroux : la fierté de Vénus et celle d'Apollon s'y opposent un moment, mais enfin ils se rendent.

De jeunes nymphes apportent des parfums, des guirlandes, des colombes, des voiles légers. Terpsichore dépose le symbole qui l'avait égarée : l'on fait un sacrifice aux grâces.

Une douce et suave mélodie annonce que les déesses y sont sensibles.

Vénus s'approche du temple, fléchit un genou sur les dégrés, et fait sa prière, ainsi que toutes les autres divinités : tout-à-coup les portes du temple s'ouvrent.

SCÈNE V, et dernière.

Les trois grâces paraissent resplendissantes d'attraits.

L'amour leur donne la main, elles s'approchent, et leur présence rétablit l'ordre. Chacun reconnaît l'empire des grâces, et l'ivresse fait place à l'aimable gaité.

Terpsichore, réconciliée avec celles dont elle ne peut se séparer impunément, fait reprendre à tous les dieux leur caractère ; et, d'accord avec les grâces, elle indique :

A Apollon, que ses belles formes ne lui permettent pas de quitter la danse noble ;

A Zéphir, qu'il doit sans cesse effleurer la terre et ne pas la fouler ;

A Vénus, que sa ceinture lui donne l'empire ;

A Pan, que les tourbillons entraînent les plaisirs ;

A Flore, que les tendres ébats doivent faire son bonheur ;

A Érigone, qu'une vive gaité est son partage.

Les grâces veulent joindre l'exemple aux préceptes ; et leur danse devient si pure, si enchanteresse, que tous les dieux proclament leur triomphe, et déposent à leurs pieds, la palme de la victoire

FIN.

TABLE DES CHAPITRES.

FIN DE LA TABLE.